インドネシアの民話集

サブ島のベロド

採集・訳　和知　幸枝

はじめに

約三十年も前になります。

私は、インドネシアの〝民話〟を直に聞いてみたいと思いました。しかし、見知らぬ国の女が、しかも一人で、閉鎖的な村を訪ねても相手にしてくれそうもない。であれば、子連れの方が、村人たちは心を開いてくれるのではないだろうか。

そう考えた私は、まだ小学生だった息子と娘を連れて、バリ島から東にある〝ヌサ・テンガラ諸島〟をまわる旅に出ることにしました。

当時は観光客がほとんどいないその地域についての詳しい情報は少なく、宿、乗り物、地図など、何事も着いた先で何とかしなければなりませんでした。

それゆえ、私は出発前に、バリ島からスンバワ島、モヨ島、ティモール島、そして、サブ島を一か月足らずで回るという大雑把で無茶な計画をたて、実行したのです。

サブ島　原始宗教のみを信仰している人々

まず、バリ島から、時代遅れの双発プロペラ機に乗り、スンバワ島へ渡りました。そこで数日間滞在し、ついでに小舟でモヨ島へ。モヨ島からは日帰りでスンバワ島へ戻り、五日後、島の西側にある町、スンバワブサールから、島の東端にある町ビマまでバスで横断することにしました。

ところが、このバス移動が半端でなくきついものでした。人間とニワトリ、穀物などが扉から屋根の上まであふれ出て、まるで〝千成ひょうたんの移動車〟なのです。舗装もされていない、ガードレールもない、ガタガタの崖道を、汗の臭いと暑さでむんむんとむせ返るバスにゆられて、丸一日。夕闇がせまる頃、やっとビマへ辿り着きました。

あくる日、ビマから更に、プロペラ機でティモール島へ移動。そして、ティモール島の町クパンからサブ島へむかったのです。

サブ島への旅は、ちっぽけな双発プロペラ機が離陸した時点から恐怖の連続でした。

エンジン音がブルブルと震える度に、壁面がはがれる

スンバワ島　スンバワ ブサールからビマへ移動中

サブ島の空港のそば

のではないかと思えるほどバタバタと動くのです。

「ああ、これで終わりだ」

と思い、子供たちの手を握りしめながら目をつぶっていたのを覚えています。

やがて、着陸の衝撃音の後で見えた滑走路は、土埃がけむる草だらけの一本道でした。そこには、いわゆる〝空港〟というものはなく、粗末な物置がポツンと一軒あるだけ。手荷物も、飛行機の後部から自分で勝手に引っ張り出すのです。

「ここが、毎晩のように地図をながめては思いをはせていたサブ島なのか」

と、一瞬、愕然としました。

小さなサブ島の玄関はセバという小さな町です。

セバには、宿泊施設がなかったので、民家の一部屋を宿として提供してもらいました。

島には、貧しく閉鎖的な村々が点在していていています。人々はイスラム教やキリスト教を信仰していますが、同時に原始宗教も信仰していました。原始宗教しか信仰していない奥深い山の中に住ん

ライジュア島　民話を聞く準備

サブ島　聖地

でいる人々や、お年寄りはインドネシア語が話せず、私は、現地の通訳を連れて島を回りました。私たちは一週間ほどそこに滞在しましたが、そこで〝民話〟を聞かせてもらえる事はありませんでした。

村人たちは、

「あんたらみたいなよそ者は、わしらにとっちゃ、一年目はよそ者、二年目は知り合い、三年目で初めて友達になるって事だ。友達でもない者に、わしらの大事な〝話〟を聞かせるなんてことはないさ」

と、笑いながら言っていました。

それからの私は、人生の転機を迎えるまでの八年間、島の人々と友達になろうと〝民話の旅〟を続けました。今思えば、最初の子連れの旅は、かなり無鉄砲な旅をしたものだとつくづく思います。しかしながら、ゆったりと流れるインドネシアの時間の中で私にとっても、子どもたちにとっても、一番の収穫となったものは、インドネシアの人々の、都会に住む日本人には到底考えられないほどの優しく、温かい心にふれあえたことでした。

サブ島の宿屋

ライジュア島　砂浜で寝ました

マッカサール
インドネシア
ンバワプサール
モヨ島
ビマ
アロール島
ティモール島
サブ島
バワ島
クパン
ライジュア島

ジャワ島

本文挿絵：井出　文蔵

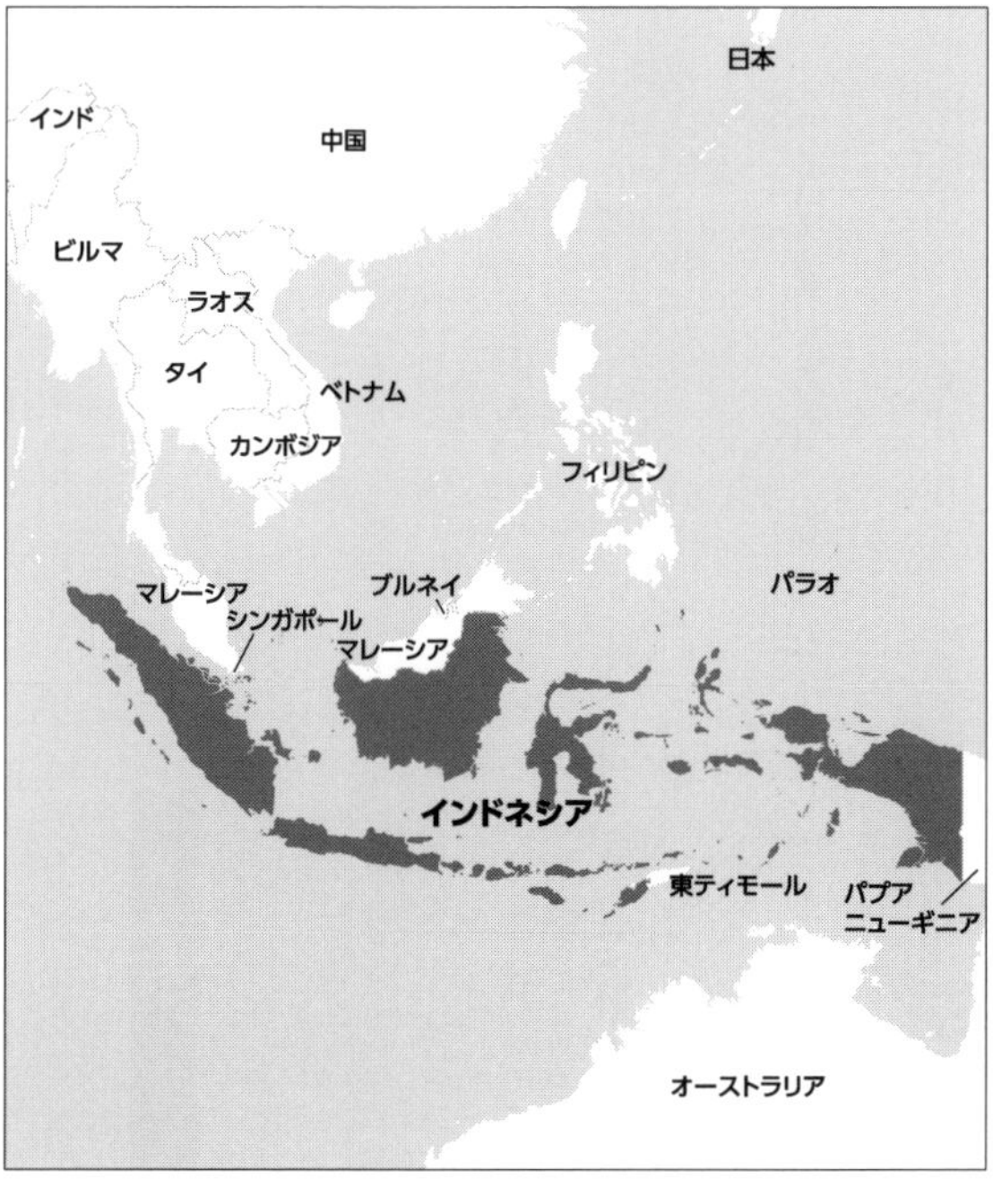
日本
インド
中国
ビルマ
ラオス
タイ
ベトナム
カンボジア
フィリピン
マレーシア
ブルネイ
パラオ
シンガポール
マレーシア
インドネシア
東ティモール
パプア
ニューギニア
オーストラリア

サギと　魚と　カニと

サブ島

むかし　むかし。
深い　森のなかに　鏡《かがみ》のようにすんだ　池が
あった。
しずかで　美しい　その池で　魚たちと　カ
ニが　きもちよく　のんびりと　くらしていた。
そんな　ある日　白いからだに　とんがった
口ばし　ほそ長い足をした　ろくでなしのサギ
が　やってきた。
「あの　サギのやつ　また　おれたちを　食いに
きやがった。ああ　おそろしや　おそろしや」
魚たちは　こわがって　とおくから　サギを
ながめていた。
ところが　サギの　ようすが　これまでとち
がう。
くそまじめな　顔をして　じっと　考えこんで
いる。
おまけに
「この世が　平和であれ　平和であれ」
などと　わけの　わからんことを　ボソボソ
ボソボソ　となえている。
そこで　魚が一ぴき　おそる　おそる　サギ
の　前を　すうっと　およいで　ぬけてみた。

しかし　サギは　魚なんぞ　食《く》いたくもない
というふうに　じっとして　うごかない。
　そうなると　魚たちは　気になって　しかた
がない。なんども　なんども　サギの前を　す
うっ　すうっと　とおりぬけてみた。なかには
ちょうしにのって　サギの足に　さわっていく
ものまでいた。しかし　サギは　あいかわらず
ボソボソ　ボソボソ　となえながら　じっと
考えこんでいる。
　くる日も　くる日も　ずっと　そうしたまま
サギは　うごこうともしなかった。
　魚たちは　よりあって
「サギのやつ　ひとが　変わっちまったみたいだ
なあ」
「あれは　いいサギなんだよ」
「足に　さわったって　何もしなかった」
「うん　そうだ。何もしねえ」
「だけど　なに　考えこんでいるんだ」
などと　いいあった。
　そのうち　いせいのいい魚が　一ぴき　サギ
の前に　すすっと　でていって　きいてみた。
「きもちのいい　サギさん　なんでそんなに　か
わっちまったんです。それに　なにを考えこん
でいるんです」
　サギは　しずかに　こたえた。
「わしは　もう　むかしのわしではない。神さま
を信じ　罪ぶかいことはやめたんだ。いまの
わしの望みは　この世の平和だけだ。わしたち
は　みな　たがいに　たすけあい　愛しあわね
ばならん。よろこびと　悲しみのなかで　たす
けあうのだ」
　その話を　きいていた　魚たちが　どよめい

た。
「サギさんって　りっぱだ」
「ほんとうに　いい鳥だ」
サギは　しゃべりつづけた。
「ひと月まえから　わしは　断食をしとる。食べてはいけないんだ。それに　命あるものを　殺してもいけない。それこそ　大きな　罪になる。その罪が　いつか　じぶんに　かえってくるのだ。殺しては　いけない。たとえ　小さな生きものでもな。だから　わしのことは　気にせんでいい。わしは　神さまへの罪を　おそれとるんじゃ」
なるほど　なるほど。魚たちはうなずいた。
サギが　また　つづけた。
「いま　わしは　まいにち　わしと　あんたらの安全を　祈《いの》っとるんじゃ。わしは　わしの　だいじな　あんたらに　良いことを　しなけりゃならん。良いことをすれば　たとえ小さなことでも　いつかきっと良いことで　かえってくる。それが　わしの望みじゃ。ほんとうのことを言わなきゃいかん。うそはだめだ」
サギは　しずかに　魚の気をひくように話した。
魚たちは　ただただ　かんしんして　サギのりっぱさを　ほめたたえた。そして　としより魚がさけんだ。
「あんたの　望みがそうなら　この世の動物のなかで　あんたが一番えらい。それにもう　魚を食《く》わんのだから　俺たちのなかまだ。この池でいっしょに　くらそうじゃないか」
魚たちは　サギを　すっかり　信用しきってじぶんたちの　大将にたてまつり　池のまんなかに立つことを　すすめた。

ところが　サギは　よろこぶどころか　きゅうに悲しそうな目で　じっと池の水をにらんでいる。
そのうち　サギの目から　こぼれた涙が　ほおをつたって　ポツンと池におちた。
魚たちは　顔いろをかえて　いったいどうしたんだ　どうしたんだと　サギのまわりによって　いっしょに　おんおん泣いた。
すっかり　泣きつくしてから　一ぴきの魚がきいた。
「なんで　そんなに悲しいんだい。じきに　死んでしまうとでもいうのかい」
するとサギは　涙を　ふきふきいった。
「わしは　あんたらの　きのどくな　運命を思うと　悲しくて　ならんのじゃ。空もとべん。地上も歩けん。
さっきまでの　わしは　しあわせに　くらしとる　あんたらをみて　しあわせじゃった。だが　あんたらの　しあわせは　そう長くないんじゃよ。わしは聞いてしまったんじゃ。漁師が　あんたらを　つかまえに来ると話しとるのを。きのどくじゃ。まったく　きのどくじゃ」
魚たちは　はっと　息をのんで　顔をみあわせた。
「そいつは　いつくるんだい」
魚が　声を　ふるわせてきいた。
「七日も　すると　くるはずじゃ」
サギが　すすりなきなき　そういうと　魚たちは　としよりも　わかいのも　大きいのも小さいのも　おそろしくて　おそろしくて　だきあって　おんおんないた。
そのうち　かんろくのある　としより魚が

サギの前に　出ていって
「サギさんは　俺たちの　友だちだ。ほんとうの
友だちだ。俺たちの　大将だ。どうか
おたのみします。俺たちを　たすけてくだせえ」
と　頭をさげた。
　このとき　サギは　腹のなかで
（もう　ちょっとの　しんぼうじゃ。もう　少し
したら　大収穫じゃ）
と　せせらわらっていた。
「わしには　あんたらを　たすけることは　でき
るには　できるが　一度にはむりじゃ。何度か
にわけて　たすけることにしよう」
「サギさん　ばんざい」
「やっぱり　俺たちの大将だ」
「話してくれ。どうやってやるか　話してくれ」
　魚たちは　みんな　大よろこびで　話のさき
を　せがんだ。
　ところが　そのとき　けいけんの豊かな　一
匹のとしより魚が
「ちょっとまて　サギを信用するのは　早いん
じゃないか。やつは　むかし　俺たちの　敵
じゃった。もうすこし　考えたほうがいい。罠《わな》
かもしれんからな」
と　口をだした。
　それをきいた　わかい魚たちは　ペテン師め
と　ののしって　そのとしより魚を　殺して
しまった。
　よろこんだのは　サギだ。
腹の　なかで
（うまくいった）
と　ますます　せせらわらって　いた。
「信頼を　なくしては　なにごとも　いっしょに

できん。まあ聞いてくれ。ここから　そう　遠くないところに〝あの世〟という　湖が　あるんじゃ。平和でな　神さまたちが　すんでおるところじゃ。人間は　近づけん湖じゃ。あんたらを　殺しにくる　漁師もおらん。そこで　あんたらは　しあわせにくらせる。あんたらが　そこへいく気があるなら　わしが　あんたらをかわるがわる　つれていってやってもいいぞ」

魚たちは　みんな　目をかがやかせてよろこび　自分たちのために　骨をおろうとしている大将を　ほめたたえた。

いよいよ　魚たちの　ひっこしがはじまった。サギは　口ばしで　一匹はさみ　足のつめで一匹つかんで　飛んでいっては　ひきかえし飛んで　いっては　ひきかえした。

そして　さいごの　二匹をはこびおえて　魚のいなくなった　もとの池にもどってきたときには　まえよりも　羽の　色つやがよくなっていくらか　太《ふと》ってみえた。

サギは　まんぞくそうに　のんびりと　水辺に立っていた。

そこへ　ひとりぼっちになった　大きなカニがちかづいていった。

「サギさん　サギさん　おれ　ひとりぼっちでさびしいんだ。俺も　みんながいる〝あの世〟っていう　湖へ　いきてえ」

「ああ　いいとも」

サギは　そうこたえて　口ばしで　カニをくわえた。ところが　カニが　あんまり　おもたいので　とんでいるうちに　おっこちそうになる。そこで　カニは　じぶんのはさみで　サギの　のどを　ぎっしりつかんだ。

しばらく　とんでから　サギは　山のてっぺんで　ふわりとおりた。
カニは　あっと　思った。
岩の上には　魚の骨が　山づみになっていた。
からからの　この山で　サギに食われたんだ。
大きなカニは　ムカッとした。
このときから　カニは　ずっと赤くなったままだという。
大きなカニは　赤くなって　どなった。
「もとの池に　もどれ。もとの池に　もどっておれをおろせ」
そういって　大きなカニは　ぐいっとはさみに　力をいれた。さすがのサギも　ふいをつかれ　いたくて　いたくて　金切声《かなきりごえ》を　あげながら　しかたなく　もとの池に　ひきかえした。
池にもどると　カニがいった。

「もっと　深いところに　俺をつれていけ」
サギが　いわれたとおり　深いところへいくと　カニは　さらに　おもいっきり　はさみに力をいれた。
チョッキン
サギは　のどを　ちょんぎられ　死んでしまったそうだ。

話し手：ジャファール　ムサ（1988年）

天女

スンバワ島

むかし　ラペの　とある村に　ララ・ジャンメレラという　男がおった。
男は　ひどい皮膚病持ちで　しょっちゅう　体のあちこちを　ガリガリと　掻《か》きむしっていたので　いつの間にやら　村人たちに　〃ガリガリ〃と　呼ばれていたそうな。
ガリガリは　家の庭先に　紅花を　作っておった。
ところが　ある朝　いつものように　紅花を見まわっていると　なんのことはない　実がごっそり　なくなっておる。
「はて　誰が　とったんかな」
たまげた　ガリガリは　あくる朝　まだ暗いうちから起きて　庭先をじっと　見張っておった。
しばらくして　あたりが　ほんのりと明るんでくると　天女が七人　ひらりひらりと　天から　下りてきて　井戸のまわりで　楽しそうに水浴びをはじめた。
その　美しいこと　まばゆいこと。
ガリガリは　我をわすれて　夢でもみているように　しばらく　ぼうっと　見とれて　おった。
そうして　見とれているうちに　中の一人で

もいい　なんとか嫁に出来ないものかと　思案した。
そして　天女たちに　そっと近づき　脱ぎ捨ててあった　羽衣の一枚をとって　隠してしまった。
　その時　人間の気配をさとった　天女たちがわらわらと　羽衣を　まといはじめた。
ところが　一枚　足りん。あちらを　探してもこちらを　探しても　羽衣が　一枚　みつからない。仕方なく　六人の天女たちは　一人残して　つぎつぎと　天へ　帰って　行った。
　一人　残された　天女は　翔《と》ぶことも出来ん帰ることも出来んで　ただオロオロと　途方に暮れておった。
　そこへ　陰で様子をながめていた　ガリガリが　何も知らんような顔をして　出て　行ってああだの　こうだのと　散々なぐさめてから「そうだ　そうだ　おらの嫁になって　おらの家で　暮らせばいいさ」
と　いいよった。
　とつぜん　人間の男に　いいよられた天女は怖くなって　逃げ出した。
けれども　逃げ出してみたものの　なにせ　羽の無い女の足　男にはかなわん。
それに　今はもう　帰るところもない。
天女は　仕方なく　言われるまま　男について行って　そして　そのまま　一緒に　暮らすようになった。
　月日が　流れ　やがて　二人の間に　男の子が生まれ　マンチュウニと名付け　親子三人すっかり　落ち着いて　暮らしていた。
　そんな　ある日。

ちょうど　ガリガリが　用足しに出て　留守だった時のことだ。

嫁の　天女と　ガリガリの　おっ母様が　喧嘩になった。

天女は　嫌ぁな　気持ちになって　ああ　もう天に帰りたいと　天を　あおぐように　ふっと天井を見上げた。

すると　あの　ずっと探していた羽衣が　梁《はり》の上に　あるではないか。

天女は　気が狂ったように　柱をよじ登った。

そして　その大事な羽衣を　手にとり　そっと竹筒の中に　しまい込んだ。

　そうしておいてから　乾いたヤシの葉に

「おっ母さんは　天へ　帰らねば　なりません。

もし　おまえが　おっ母さんに　逢いたくなったら　黒もち米の　もみ殻を燃やして　その煙をつたって　天へ　上がって来なさい」

と　書きつけ　指輪といっしょに　眠っているマンチュウニの　枕元に置いた。

そして　天女は　そそくさと　竹筒の中からあの羽衣を　取り出してまとい　すうっと　天へ向かって　消えて行った。

　用足しから帰った　ガリガリは　嫁が　天へ帰ってしまったことを知った。

青ざめた　ガリガリは　書き付けに　書いてあったとおりに　黒もち米の　もみ殻を　燃やして　その煙をつたって　天へ　昇って行った。

　ガリガリが　天に着いて　しばらく行くと召使いたちが　水をくんでおった。

ガリガリが　声をかけると

「わたくしどもの　天女様が　ずっと留守でしたの。さきほど　やっと戻って来られてほっとしていますの。でも　体中が　ボチボチになってしまって。それで　今から　きれいにして　さしあげますのよ。」
と　言うた。
　ガリガリは　はっとして
「それなら　俺にも　手伝わせてくだせぇ」
そう言って　水桶を　一つずつ　召使いたちの頭の上に　のせてやった。
そして　最後の桶に　嫁の天女が　残していった　指輪を入れた。
　何も知らない　召使いたちは　そのまま　水桶を　運んで行って　天女に　水を浴びせた。
一杯目の桶　二杯目の桶　三杯目の桶　そうして　最後の桶の　水を浴びせた時　チリンと音がして　指輪が落ちた。天女は　指輪を拾って
「これは　私の指輪。ここに入れたのは　誰」
と　召使いたちに　聞いた。
「さあ　誰でしょう」
「もしかしたら　あの　がっしりとした　男の方かしら」
「わたくしどもの頭に　桶をのせてくれましたから　そうかもしれません」
「すぐに　お探し」
召使いたちは　天女の　言いつけどおり　すぐに　ガリガリを　探し出して　天女の　もとに連れてきた。
　こうして　ガリガリは　ようやく　天女に逢うことができた。
ところが　天女は　ガリガリが　いくら拝《おが》んで

頼んでも　決して　下界に　下りるとは　言わなかったそうな。そのかわり　マンチュウニを育てるために　天の召使いを　二人ばかり　下界に　つかわしたと。
　その　子孫が　今でも　ラペに住んどる。たいそう立派な　家にな。
それ　以外の子孫は　わしらというわけじゃ。

話し手：イカ　ジィ　アビディンの義父（1987年）

ハリ・ジュタ

サブ島

むかし　むかし。
サブ島という　島に　ハリ・ジュタという名の浮浪者《ふろうしゃ》がいた。
ハリ・ジュタは　一匹の犬と　一羽のニワトリを連れて　島の人々に　食べ物をめぐんでもらいながら　一年中　あちこちを　ぶらぶらと　うろついていた。
そんなある日　ハリ・ジュタが　ムサラ村をぶらりと　とおりかかると　村びとたちが　みんなで　どでかい石を　持ち上げようとしていた。
何をするんだい　と聞いたら　その石を　アダ・マヌという所まで　はこんでいって　神様の石に　するんだという。
けれども　石は　ビクリともしない。
みんなで　いくら　掛け声をかけ　力を入れても　だめだった。
そこで　そばで見ていた　ハリ・ジュタが
「おれも　手伝うから　この石を　村の衆と　おれのものに　してくれねえか」
と　村びとたちに　きいた。
けれども　村びとたちは　口々に

「おめえみてぇな　小汚い浮浪者を　わしらの仲間にできん　さあ　帰った　帰った」
そう言って　わき目もふらずに　また　わっしょい　わっしょいと　石を持ち上げていた。
けれども　やっぱり　ビクリともしない。
いくら　ふんばってみても　だめだった。
とうとう　しまいには　村びとたちは　へとへとに　へたばってしまい　仕方なしなしハリ・ジュタに　助けをたのんだ。
「石は　わしらと　おめえのもので　いいから手かしてくれ」
ハリ・ジュタが　村びとたちに　手をかすと不思議なことがおこった。
村びとたちが　何人かかっても　ビクリともしなかった　どでかい石を　ハリ・ジュタは　それも　たったのひとりで　ヒョイと　持ち上げアダ・マヌまで　運んでいってしまったのだ。
そんな事があってから　しばらくたった　ある日のこと。
また　ハリ・ジュタが　犬と　ニワトリをつれて　ムサラ村を　とおりかかった。
すると　今度は　村びとたちが　汗水たらして　えっさ　えっさと　井戸を掘っていた。
ところが　掘っても　掘っても　カラカラで一滴の水も　出てこない。
それでも　村びとたちは　ガリガリ　ガリガリわき目もふらずに　堀りつづけていた。
そばで見ていた　ハリ・ジュタが　また「おれも　手伝うから　井戸は　村の衆と　おれのものにしてくれねぇか」
と　きいた。
けれども　村びとたちは

「おめえみてえな　小汚い浮浪者　わしらの　仲間にはできん。帰った　帰った」
そう言って　目もくれずに　ガリガリ　ガリガリ　掘りつづけていた。
　すると　ハリ・ジュタが
「そうかあ　そんなら　この井戸から　水は一滴も出てこねえ」
と　言った。
　そう言われると　村びとたちは　急に　心配になり　手を止めて　どうしたもんだかと　コソコソ　相談をはじめた。
そして　仕方なしなし　井戸は自分らと　ハリ・ジュタのものにしていいと　承知した。
　すると　どうだろう。
今まで　掘っても　掘っても　カラカラだった井戸の底から　にわかに水が　湧き出し　みる

みるうちに　井戸の中は　溢れ出る水で　いっぱいになった。
　この時　村びとたちは　満々と湧き出る水をながめているうちに　不思議な力を持った　小汚い　この浮浪者を　このままにしておいたら村のなにもかも　とられてしまうにちがいないと思った。
　そこでハリ・ジュタを　ぐるりと取り囲み殺して　その体を　小さく切って　井戸の中へほうり込んで　そそくさと　帰って行った。
　村びとたちが　いなくなってしまうと　井戸端で　じぃっとまるくなっていた　ニワトリがバタバタと　井戸の中へ　飛んでいき　細かくなっている　ハリ・ジュタの　体を　一つ　一つ　大事そうにくわえて　引き上げはじめた。
やがて　全部　引き上げおわると　今度は　犬

が　それらを　ペロペロと　なめだした。
　すると　細かくなっていた　ハリ・ジュタの体が　あっという間に　ピタリとくっつき　もとの　ハリ・ジュタになって　ふうっと　息をふき返した。
そして　何事もなかったかのように　また　犬と　ニワトリを　連れて歩き出した。
　それから　というもの　ハリ・ジュタの　生まれ育った　リアエ村の　ナダイ族の人々は犬を　食べなくなったという。

話し手：ラインハルド　ラド　（1989年）

夢で見た娘　サリ・ブーラン

スンバワ島

むかし。
スンバワ島に　パンダイという名の　王さまがあった。
ある晩の　ことだった。
パンダイ王は　サリ・ブーランという　美しい娘と　むすばれる夢を　見た。
夢に　でてきた　娘が　あまりに美しく　いつまでたっても　頭からはなれない。
そこで　王さまは　ある日　家来を引き連れて船を出し　娘さがしの　旅に出たそうな。
それからというもの　来る日も　来る日も島から　島へと　船を進め　あっちへ　こっちへと　娘を　たずね歩いたが　どこにもおらん。
日もたって　六百七十二日目のことだった。
飲み水が　底をついた　王さまの船は　しかたなく　近くの島に　いかりをおろした。
さっそく　家来どもは　島におりて　飲み水をさがしに　歩きまわった。
しばらく歩いていると　木立ちの中に　鏡のごとく澄んだ水をたたえた　井戸があった。
あたりを　見ましても　誰もおらん。しぃんと静まりかえっとる。

家来どもは　のどが　カラカラだったので　何はともあれ　腹いっぱい　その水を飲んでいっぷくしておった。
しばらくすると　娘たちの　楽しげな　しゃべり声が　きこえてきた。
ははぁ　水汲みだなと　思って見れば　どれもこれも　かわいげな　娘ばかりだった。
家来どもは　ただただ　ぼぉっと　見とれておったが　やがて　家来の一人が思いたって
「おお　そうじゃ　ここに　サリ・ブーランという名の　娘はおらぬか」
と　たずねてみた。
「ひとりは　ひと月ほど前　お嫁にもらわれて行きました。もうひとりは、少ししたら　水汲みにまいります」
その娘は　王さまの　さがしている　娘やもしれん。
家来どもは　船まで　ふっとんで行って　王さまに　そのことを　知らせた。
それを　聞いた　王さまは　わが目で　たしかめようと　慌てて　船をおりた。
ちょうど　その時　父親につれられて　娘がやってきた。
(夢でみた　娘とそっくりだ)
王さまは　井戸のそばの　木の根元に　腰をおろして　そっと　様子をうかがった。
井戸の　そばで　父親が　娘に言うた。
「サリ・ブーランや　おけを　持っておいで」
(夢でみた　サリ・ブーランだ。まちがいない)
やがて　王さまに　命じられた　家来の一人が
父親の足元に　ひざまずき
「パンダイ王が　娘ごを　お妃にと　お望み

じゃ。受けてくだされ」
と　願いでた。
「お　王さまの　お　お妃」
驚いて　声も出せん父親に　家来は　パンダイ
王が　何年も　何年も　夢にでてきた　サリ・
ブーランという娘をさがして　ここまでやって
きたことを　こんこんと　伝えた。
まもなく　サリ・ブーランが　ひしゃくで　汲
んだ水を　王さまと　家来どもに　差し出した。
　それから　幾日かたった　ある日　パンダイ
王と　サリ・ブーランの　盛大な結婚式が　と
りおこなわれた。百二十もの港に　いかりをお
ろし　四百八十一の　村々をたずねて　やっと
夢で見た娘を　妃にできた王さまは　たいそう
幸せだった。
豪華な品々が　宮殿から運ばれ　スンバワ島に
むかしからつたわる　グラットという競技が
もよおされ　太鼓や　ドラは　一月《ひとつき》の間　打ち
ならされつづけた。
結婚式は　二月目《ふたつきめ》にはいり　三月目《みつきめ》にはいり
五月目《いつつきめ》にはいっても　終わらず　六月《むつき》たち
七月《ななつき》たって　やっと終わった。
　いよいよ　王さまが　サリ・ブーランを　宮
殿につれて　帰る日になった。
すると　父親が　王さまに言うたそうだ。
「途中　どんな事があっても　決してデワ島に
立ち寄ってはなりませぬぞ」
　宮殿に　向かう　長い船の　旅がはじまった。
その旅の途中　サリ・ブーランは　王さまの子
をみごもり　何が　何でも　シカの肉が　たべ
たいと　王さまにせがんだ。

食べたい　食べたいと　それればかり　せがむサリ・ブーランが　何ともあわれで　王さまは父親の　忠告もわすれ　シカ狩りに　デワ島に立ち寄ることにした。

海べに　いかりをおろし　サリ・ブーランひとりを　船にのこして　王さまと　家来どもは狩りに出かけて行った。

デワ島は　恐ろしい　悪霊が　棲《す》んでいる島だった。

そこには　ドロという　悪霊と　その　こま使いで　クンチという　悪霊があった。

王さまの船が　海辺に　いかりをおろした日クンチは　ドロに言いつけられて　泉に　水汲みに行った。

すると　湖も　泉も　いつもと違っておる。うれしげに　ピカピカと　かがやきあっとる。クンチは　思った。

これは　きっと　あの船にいる女のせいだ。女が　美しいから　みんな　ピカピカ　やっているんだ。

ええ　こしゃくな　小娘め。

クンチは　くやしくて　たまらない。むしゃくしゃして　ひしゃくを　地面に　たたきつけ水も汲まずに　帰って行った。

一滴の水も　汲まずに　帰って来た　クンチにドロは　ぶつぶつ　言いながら　別の　新しいひしゃくを　手わたした。

けれども　クンチは　もう　ドロのこま使いでいるのは　まっぴらだと　怒鳴りちらしてまたも　ひしゃくを　たたき割った。

それでも　ドロは　あきらめずに　つぎに　革でできた　ひしゃくを　手わたした。

クンチは　あの船にいる女の美しさが　どうにも　こうにも　気にいらない。
そこで　水を汲みに行くふりをして　そのまま革のひしゃくを　小舟にし　サリ・ブーランひとりがのっている船に　ザワザワと近づき下から　声をかけた。
「この船　誰のだい」
「わたくしの　夫　パンダイ王のものです」
「あんた　ひとりかい」
クンチは　そう言うがはやいか　とぉ〜んとサリ・ブーランに　とっつき　両目をくりぬいて　サリ・ブーランを　海へ　ぼぉんと　ほうりこんだ。そして　クンチは　サリ・ブーランの　衣装をまとい　かざりをつけて　サリ・ブーランになりすまし　しゃあしゃあと　王さまの帰りを待っておった。

やがて　王さまと　家来どもが　やっと捕まえた　小さなシカをかかえて　もどってきた。
船の様子が　どうもおかしい。王さまも　家来どもも　そう思った。
（サリ・ブーランは　こんな　みにくい顔をしていただろうか）
王さまは　心の中で　つぶやいた。
この時になって　王さまは　サリ・ブーランの父親の　忠告を思い出していた。
（ああ　何ということだ。こんな女をさがすために　わたしは　今まで　うろついていたのか）
長い　長い　旅が　終わって　船はようやく宮殿のある港に　たどりついた。
港には　おおぜいの人びとが　王さまのお妃をひと目　見ようと　あつまっておった。
王さまは　おし黙ったままで　おったが　クン

チは　十二人の家来に　かごをかつがせ　それに乗って　しゃらり　しゃらりと　船をおりた。
日がたてば　たつほど　年が　すぎれば　すぎるほど　王さまは　だんだん　クンチが　嫌で　嫌で　たまらんように　なっていった。そして　いつしか　賭け事におぼれる　毎日をおくっていた。

さて　両目をくりぬかれた　サリ・ブーランは　その美しい　長い髪を　王さまの　船のへさきに　からませたまま　ゆらゆらと　沖へ運ばれていった。そして　幾日かたって　海の底へ　沈んでいくところを　大貝《おおがい》にたすけられ　浜辺で　死んだようになったまま　男の子を産みおとしておった。
子どもは　アイパッドと　名付けられ　日に日に　ずんずん大きくなっていった。
やがて　助けてくれた　大貝が死んでしまうと　家のない二人は　その貝殻を　住かにして　魚をとって　暮らしていたそうな。
そんな　ある日こと。
アイパッドは　タンコという　漁師から　大きな魚をもらった。
こりゃあ　うまそうだ　と　晩の　おかずにしようと　その魚の　腹をさいてみると　中から目がふたつ　ペロリと出てきた。
その目を　サリ・ブーランの　目のないくぼみに　はめると　ふしぎなことに　もとのように目が　見えるようになった。
あくる日　アイパッドと　サリ・ブーランはタンコの家に　礼に行った。
「お礼に　何か　手伝わせてください」

子どものいない　タンコは
「そんなことは　ええ。それより　わしの家で
いっしょに　暮らしたら　どうじゃ」
と　言った。
それから　家のない　サリ・ブーランと　アイパッドは　タンコと　いっしょに　暮らすようになった。
サリ・ブーランは　刺繍《ししゅう》をし　タンコは　魚をとった。アイパッドは　ずんずん　ずんずん大きくなり　心のやさしい　かしこい　若者になっていった。わけても　馬にのって走ったらアイパッドに　かなう者は　いなかったそうじゃ。
それから　年月がたった。
ある日のこと。宮殿で　王座をかけた　競馬を行うという　おふれが出された。うわさは　国中にひろまり　やがて　小さな島々にも　ながれていった。
アイパッドも　そのうわさを聞いて　タンコとさっそく　宮殿へむかった。
宮殿は　王座をかけた　競馬に出たい者どもでわんさか　わんさか　押し合い　へし合い　しておった。
やがて　王さまとの　競馬が　はじまった。
つぎつぎに　王さまの　馬が　勝ちすすみつづけた。
王さまに　負けた者は　王さまの　どれいになるか　みずから死んでいくかの　いずれかを選ばねばならない。
太陽が　ちょうど　真上《まうえ》に上がった時　アイパッドの　番になった。

ところが　競馬が　はじまろうとした時　ふしぎなことがおこった。アイパッドの馬がいきなり　いななき出し
人々が
「どうしたんだ」
「なんだ　なんだ」
と　大騒ぎをしだした。
そのすきに　アイパッドの馬が　風のように走り出し　あれよ　あれよという間に　アイパッドの馬が　勝っておった。
　この時　人々にまじって　競馬をみておったタンコが　大声でさけんだ。
「アイパッドが　王さまだ　アイパッドが　王さまになった。親を知らない　子どもと　子どもを知らない　親とが　たたかった」
それを　聞いた　王さまは　あっと　思った

　その晩　新しく王になった　アイパッドが母親の　サリ・ブーランをつれて　宮殿にあがってきた。
（やはり　わしの　息子だった）
王さまは　サリ・ブーランと　アイパッドのりりしい姿をみて　はらはらと　涙をながした。
それからは　親子三人　なかよく暮らしたという。
　王になった　アイパッドは　育ててくれたタンコに　感謝し　自分の名を　タンコ王とかえ
母親を苦しめた　悪霊クンチは　息ができるよう　一本の竹筒をもたせて　深い井戸の中にとじこめてしまったという。
まもなく　悪霊クンチは　死んだという　話じゃ。

話し手：ディヌラ　ライス（1987年）

人間と海と火

アロール島

むかし　むかし　おおむかし。
まだ　アロール島が　今より　もっと小さい島だったころ　海と人間は　仲良く　暮らしていたそうな。
島には　人間が　チラホラ　住んでいた。その島の　真ん中には　小さな丘があってフィフタールと　ベンベップという名の　ふたりの息子が　父親と暮らしていた。
ベンベップは　畑仕事をし　フィフタールは魚をとって　暮らしをたてていた。
そんな　ある日　フィフタールは　海に〝うけ〟をしかけた。いつもは　魚が　何匹もかかっているのに　その日は　トウモロコシが　コロッと一つ　人間を　馬鹿にしたように入っていた。
「海のやつ　人間を　馬鹿にしやがって」
フィフタールは　ムカッとして　父親に　その事をいいつけた。
すると　父親は　顔を真っ赤にして
「よくも　俺たち人間様を　馬鹿にしてくれたな。クソ　海のやつ　見ていろ　焼き払ってやる」

と　怒鳴《どな》った。そして　火をそそのかして　海に　火を放った。
海は　ぼうぼう燃え　岩々は　真っ赤に焼け　海の水は　どんどん天にのぼり　白い雲になっていった。
そうなると　海も　黙っちゃいない。海は　ムキになって　ドボン　ドボンと　波をおこした。
慌《あわ》てた　父親と　息子らは　せっせ　せっせと　珊瑚《さんご》をあつめ　島のまわりに　ドンドン積み重ねた。
ところが　ぼうぼう　燃えていた火のほうがドボン　ドボンと　せめてくる波が　怖くなって　天へ　逃げ　隠れてしまった。
火が　いない事には　喧嘩《けんか》はできない。それからというもの　海と　人間は　喧嘩をやめて　仲良く　暮らしたそうだ。
ところで　父親と　息子らが　積み上げた珊瑚は　今では岬になり　天へ　逃げていった火は稲妻になっているということだ。

話し手：アロール島の役人（1988年）

サブ島のベロド

むかし　むかし　おおむかし。
まだ　サブ島に　人があんまり　すんでいなかった頃の話だ。
アマジャウィライという　父親と　ジャウィライという　息子が　それは　それは　仲良く暮らしていたそうだ。
父親と　息子は　毎日　森にでかけては　狩りをしたり　木の実をとったりしていた。
おおむかしの　この頃　人間は　まだ　作物を育てたり　煮炊きをすることを　知らなかったので　狩りをして　とった獲物の肉は　そのまま　生で食べていたという。
そんな　おおむかしの　ある日。
父親と　息子は　いつものように　森へ　狩りに出かけて行った。
深い　森の中を　あっち見たり　こっち見たり行ったり　来たりして　獲物を探しまわっていると　突然　目の前に　でこでこと太ったメスのイノシシが　こちらを見て　立っていた。
とっさに　二人は　そのイノシシを　生け捕

りにして　担いで帰った。
そして　家の前の　ムルンガの木に　しばらく縛っておくことにした。
あくる日も　父親と　息子は　森へ　出かけて行った。
その日は　森の中を　一日中あるきまわってみたが　獲物は　何も見つからなかった。
暗くなってきたし　腹もへってきたので　ふたりは　トボトボと　家へむかった。

家の　そばまで　やってくると　家の中に　ぼんやりと　灯がともり　何やら　うまそうなにおいがしてきた。

「だれも　いねえはずだが」

「いい　においだなぁ」

「こんな　うまそうな　におい　はじめてだ」

中に入ってみると　炉に　残り火が　チラチラしていた。そして　ふしぎなことに　そのそばに　見たことのない　食い物が　台の上いっぱい並んでいた。

「はて　いったい　誰が　つくったんだ」

「毒いりで　ねぇか」

父親は　ためしに　ちょっと　なめてみた。

「おお　うめえ　うめえ。毒は　入ってねえ。大丈夫だ。お前も　食え」

父親と　息子は　いっぱい並んでいる　食い物に　かぶりつき　食う　食う　そして　あっという間に　ペロリと　たいらげてしまった。

(こんな　うまい食い物　いったい誰が　つくったんだ)

その晩　ふたりは　首をかしげながら　ぱんぱんになった　腹かかえて　そのまま寝てしまった。

あくる日も　父親と　息子は　いつものように　森へ出かけた。

そして　あたりが　暗くなると　家へ帰って行った。

家のそばまで　来ると　暗いはずの家に　またぼんやりと　灯がともって　うまそうなにおいがしてきた。

中にはいると　昨日と同じように　炉に　まだ残り火がチラチラし　台の上には　うまそうな食い物が　ずらりと並んでいる。

ふたりは　また　食った、食った。みるみるうちに　ペロペロと　全部たいらげてしまった。そして　ぱんぱんに　膨《ふく》らんだ　腹かかえて

「はあて　ふしぎなことが　あるもんだ。いった

い誰が　この　うまいものを　つくっているんだろう」
と　思案してみた。けれども　いっこうにわからない。
　三日目の朝　父親と　息子は　狩りに　出かけて行った。
けれども　この日は　いつものように　まっすぐ　森へ入らないで　途中から　引き返し　家の裏から　こっそりと　表の様子をうかがった。
（あの　うまいもの　いったい　誰がつくっているんだろ）
　しばらく　じっとして　覗《のぞ》いていると　突然家の前の　ムルンガの木に　しばっておいたあの　若いメスイノシシが　するりと　息もできないほど　それは　それは　美しい女に変わった。
（ほおっ　このいい女が　あの　うまいもんを作っていたのか）
とっさに　父親と　息子は　女が逃げないように　ぎっしりとつかまえた。
　女は　しなやかで　長い黒髪も肌も　ツヤツヤと輝き　ほんのりと　いい香りをはなっていた。
父親は　たまらないほど女を　自分のものにしたいと　思った。
息子もまた　何としても女を　自分のものにしたいと　思っていた。
父親と　息子が　メスのイノシシに　化けていた女　〝ベロド〟と三人で暮らすようになってしばらくすると　二人の仲は　しだいに悪くなり　たがいに罵《ののし》りあうことが　多くなっていった。

そして　いつしか　父親は
息子が　いなければ……・・息子が　いなければ
いなければ　いい……・・
そうすれば　ベロドを　自分のものにできる。
息子さえ　いなければ………
くる日も　くる日も　それればかり　考えるよう
に　なっていった。
とうとう　ある日。
夜が　明けきらない　まだ暗いうちに　父親は
誰にも気づかれないように　むっくり起きた。
そして　ムルンガの木の根元に　大きな穴を
掘りはじめた。
シャカシャカ　シャカシャカ・・・・・
深く　深く。
人の丈ほどまでに　掘りすすめたころには　あ
たりは　うっすらと　明るんできていた。

すっかり　夜があけた時　父親は　息子をよ
んだ。
「ゆうべ　変な声がしたぁ。あの　ムルンガの
木さのぼって　てっぺんから　回りを見回して
こぉい」
息子は　父親の　言いつけどおり　するする
と　ムルンガの木の　てっぺんまで登り　辺り
を　見まわしだした。この時　下から　息子を
見上げていた父親が　いきなり　力のかぎり
ムルンガの　木を揺さぶった。
ドスン。
息子は　ムルンガの　木の根元の穴に落ちた。
そのとたん　父親は　穴に落ちた息子の上にど
んどん　どんどん　土をかぶせていった。
そして　息子は　まもなく　死んでしまった。
息子が　いなくなったので　父親は　望みど

おり　ベロドを　自分の嫁にして　一緒に暮らすようになった。
そうこうして　暮らしているうちに　ベロドは　男の子を産んだ。なぜか　ベロドは　その子の名前を　父親が　生き埋めにした　息子の名前　ジャウィライとしたという。
それからも　ベロドは　毎日　せっせと　海へ食べ物を　探しに出かけては　あいかわらずうまいものを　作ってくれていた。
そんな　ある日　ベロドが　頭のてっぺんから　足の先まで　ずっくりと濡れて　帰って来た。
担いできたカゴを　庭の木にひっかけ　濡れた　着ている物を取り替えてから　子供に　乳をのませようと　いそいそと　家の中へ　入っていった。
父親は
「今日は　どんな魚が　とれたんだろ」
と　何気なく　カゴの　蓋《ふた》をあけてみた。
父親は　あっと　おもった。中に入っていたのは　魚ではなく　人間の　女の子供だった。
「わ　わしの嫁は、毎日　海へ行って　人間をさらってきてたのか　それで　うまいものを作っていたのか」
父親は、震えながら　女の子供を　カゴから出して　逃がしてやった。
しばらくして　ベロドが　家の中から　出てきた。
カゴの　中にいる筈の　子供がいない。
ベロドは　みるみるうちに　顔を　真っ赤にし　目を　ギラギラとむき　髪の毛を逆立て　恐ろ

しい形相《ぎょうそう》で　うなり声をあげながら　逃げた女の子供を追って　ふっとんで　まわった。

女の子供は　息きれぎれ　わあわあ　泣きながら　夢中で　ベロドの　家の近くにある　ガジュマルの　木のてっぺんまでよじ登った。そして　てっぺんから

「神さま〜神さま〜お願いです　助けてくださいい〜助けてください〜」

と　血を　吐くように　何べんも　何べんも叫んだ。

その声が　天の　神さまの耳にはいった。

神さまは　風のように追いかけてくるベロドをふりはらうように　女の子供が　しがみついている　ガジュマルの木を　ざっくりと　根こそぎ引き抜いて　ザァザァツと　月まで運んでしまった。

すっかり　正体を見られてしまったベロドは天をにらんで　じたんだ踏んだ。

そして　赤ん坊を　ひっ抱え　ころがるように　この世から　でていった。

行き場のなくなった　アマジャウィライもまたベロドと　わが子の　あとを追ったそうだ。

満月の晩　こうこうと　輝く月をあおぐとうに　婆さまに　なってしまった　女の子供がいまでも　ぎっしりと　ガジュマルの木にしがみついていると。

話し手：ラインハルド　ラド（1989年）

石になった大鷲

サブ島

むかし　むかし。

サブ島に　モネ・イエ　という男が　住んでいた。

モネ・イエには　かみさんもあり　アベ・モネと　いう名の　子どももあった。

そして　何ごともなく　三人は　落ち着いて暮らしていた。

そんな　ある日　用があって　モネ・イエは子どもを　ひとり残して　かみさんと　ふたりで　用足しに　出かけていった。

二人が　出かけると　一羽の大鷲が　サアッと　やって来て　子どもを　ぎっしりつかんであっという間に　心臓をほじくりだして　食ってしまった

日が　暮れたころ　モネ・イエと　かみさんが　用たしから帰ってきた。

見ると　子どもが　心臓をとられて　死んでいる。モネ・イエと　かみさんは　目の中にいれても痛くないほど　可愛がって　育ててきた子どもにすがって　おんおん　おんおんと　泣いた。

しばらく　泣いていると　ネズミが二匹

ちょろりと　出てきて
「そんなに　泣くなよ。子どもは　死んでねぇ。按配《あんばい》が　悪くなって　目つぶっとるだけだよ」
と　なぐさめた。
ところが　モネ・イエは　顔色を変えて
「いい　加減なこと　言うでねぇ　これが　死んでなくて　生きとるとでも　言うのか　したらおめえらが　おらの息子をころしたのか」
と　逆に　二匹のネズミに　くってかかった。
二匹のネズミは　あわてて
「違う　違う　おれらじゃねえ。誰が　やったか言うよ。そのかわり　おれらが　家の中の　米食っても　決して　怒らないでくれよな」
と言った。
モネ・イエと　かみさんが　承知すると　二匹のネズミは　ルジ・アエという大鷲が　子どもの心臓をほじくって　食ったのだと教えた。
それから　七日の間　何を思ったのか　モネ・イエは　夜も眠らず　ずっと雨乞いの　祈りをつづけた。
そして　七日目　にわかに　雲がひろがり天の底でもぬけたように　ドサッと　雨がふってきた。
さすがの　大鷲も　慌てて　モネ・イエの家のそばにある　こんもりと大きく繁った　ワリンギンの木に　雨よけにやって来た。
そこへ　モネ・イエが　出て行って
「おれの息子を　殺したのは　お前だな」
と　つめよった。けれども　大鷲は　やってねえと言う。
そこで　モネ・イエは　二匹のネズミを呼びその二匹の前で

「お前が　やったのを　この二匹の　ネズミが見ていたんだ。それでも　お前は　シラを　切る気か」
と　さらに　つめよった。
　そうしたら　大鷲は　しぶしぶ　モネ・イエの息子の心臓を　食ってしまったことを　白状《はくじょう》した。
モネ・イエは　怒り狂って
「わしの　息子を　生き返らせろ　できねえならお前の命は　ないからな」
と　怒鳴った。
　大鷲は　真っ青になって　殺されてはたまらないと　モネ・イエの　息子にあう心臓を　さがしに出掛けた。
　ところが　そう　やすやすと　見つかるものではない。

ヘビの　心臓をみても　魚の心臓をみても　どうも　うまくいかない。
えいっ　めんどうだと　大鷲は　サメの目を
ほじくりとって持ち帰り　ためしに　子どもの胸の中に　入れてみた。
やっぱり　だめだ。
　そこで　最後に　海を　ゆうゆうと　泳いでいた　エイの心臓をとってきて　入れてみた。
そしたら　子どもが　フウッと　息を吹き返した。そして　コロッと　起きて　雨を呼び、嵐を呼んだ。すると　みるみるうちに　あたりが暗くなり　雨まじりの風が　ごうごうと　吹き荒れた。
　大鷲は　飛べないし　恐ろしいしで　ただただ　縮こまっていた。
そこへ　二匹の　ネズミが　そろりと近づいて行って　大鷲の羽を　食ってしまった。
　飛べなくなった　大鷲は　震えながら　ずっとそこに　縮こまっていた。そのうちに　だんだん　体が　硬くなり　とうとうしまいには石になって　しまったという。
　それからというもの　サブ島の人々は　ネズミに　悩まされたら　この石に　お祈りをするようになったということだ。

話し手：ラインハルド　ラド（1989年）

娘こじきの子　モネ・ウェオ

ライジュア島

むかし　とある国に　王さまが　あった。王さまは　七人も妃が　いるというのに　どの妃との間にも　子どもにめぐまれず　朝から晩まで　なんとも　暗い気持ちで　くらしていた。

ちょうど　同じころ　森の中の　粗末な小屋に　みすぼらしい　娘こじきがいた。娘の母親は　娘が　まだ小さいうちに　死んでしまったので　それからずっと　娘は　たったひとり　森の中で　くらしていた。髪の毛は　垢でよれよれ　着るものもないので　木の皮を巻いて　来る日も　来る日も　森の中で　木の実を探して　食べていた。

そんな　ある日のこと。娘こじきが　いつものように　森の中で　木の実を探しながら　歩いているうちに　いつの間にやら　宮殿の庭に　出てしまった。宮殿では　召使いどもが　臼の米を　杵でついていた。

トントン　トントン。杵を　打ったびに　米つぶがはねて　臼のまわ

りに　こぼれる。
腹をすかした　娘こじきは　辺りかまわず　かけよって　そのこぼれた米つぶを　ポツポツポツポツ　ひろっては　頬張った。
それをみた　召使いどもは
「くさっ　しっしっ　どこかへ　お行き」
と　娘こじきを　追いはらった。
すると　娘は
「どうか　お許しください。こんなみすぼらしい私でも　いつか　お嫁に行くんです。額《ひたい》に　星が輝き　胸には月が光る　男の子を産むんです」
と　妙なことを　口走って　行ってしまった。
　次の日も　その次の日も　娘こじきはやって来て　こぼれた米つぶを　ポツポツと　ひろっては食べ　ひろっては食べしてから
「どうか　お許しください。こんなみすぼらしい私でも　いつか　お嫁に行くんです。額に　星が輝き　胸には月が光る　男の子を産むんです」
と、同じことを言って　立ちさって行った。
　娘こじきが　あまりにも　妙なことを言うので　召使いどもは　その事を　王さまにつたえた。
それを聞いた　王さまは　娘こじきが言っていることが　本当かどうか　確かめてみたいという　気持ちになった。
「その娘を　つれてまいれ」
王さまは　家来どもに　娘を宮殿に連れてこさせ　召使いどもに　その垢だらけの娘こじきに水をあびさせ　髪をすき　着るものを　あたえるようにいいつけた。
　すっかり　したくをととのえ　恥ずかしそうに立っている娘は　見違えるほど　かわいげな

娘になっていた。王さまは　一目見て　娘を
八番目の妃に　むかえることにしたそうだ。
娘が　八番目の妃となって　幾月かすぎると
娘は　確かに　王さまの子を身ごもった。
それをしった王さまは　たいそう喜んで　娘を
そりゃあ可愛がったそうだ。
そんな　こんなで　いよいよ　娘の産み月が
近くなったある日　王さまは　七人の妃と　家
来を　呼び寄せた。
「王子が　生まれたら　金の鈴を　三回鳴らせ。
王女なら　銀の鈴を　五回鳴らせ」
そう命じて　国の見まわりに　出かけて行った。
子どもが　産めない　七人の妃は　どうにも
こうにも　おもしろくない
もし　あの小汚く　憎たらしい女が　王さま
の子を産んだら　王さまは　あの女だけを　今
よりも　もっと可愛がるにちがいない。くやし
い。にくい。何とかせねばならん。
ある日　七人の妃が　娘にきいた。
「おまえ　お産のしかたを　知っているのかい」
むすめが
「知りません」
というと　七人の妃は
「それなら　おしえてやるから　よくお聞き。い
いかい　耳は　なにも聞こえぬようふさげ。目
は　なにも見えぬよう　しっくいで　塗りつぶ
すのだ」
と　おしえた。
なにも　知らない娘は　七人の妃から　おしえ
てもらったとおり　耳をふさぎ　両方の目には
しっくいを　ベッタリと塗って　お産をした。
七人の妃は　娘が　男の子を産み落とすと

男の赤ん坊と　産まれたばかりの　犬の子をすりかえた。そして　男の赤ん坊は　箱に入れて川へ　流してしまった。
そうしてから　何食わぬ顔で
「これが　おまえが　産んだ子だ」
と　一匹の　赤子の犬を　娘に見せたそうだ。
　それから　七日たった。
王さまが　見廻りから　帰ってきた。
金の鈴も　ならん。銀の鈴　もならん。
娘が　人間の　子どもではなく　犬の子を産んだとしった王さまの怒りは　地が割れんばかりだった。
「この女の目を　えぐりとれ　目玉は　かまどのそばに　引っ掛けろ　女は　首だけだして　アヒル小屋に　うめておけ」

　さて　ちょうどそのころ　国のはずれの　なんとも貧しい村に　子どものいない　爺さまと婆さまがあった。ふたりは　朝に夕に　子どもがほしい　子どもがほしい　と　まいにち　嘆いて　暮らしていたそうだ。
　そんな　ある日　爺さまと　婆さまが　川へ魚をとりに行った時のことだ。
仕掛けておいた　網をあげると　箱が　かかっていた。
「はあて　何が入っているんだ」
ふたりは　その箱を　大事にかかえて　家にもどった。
そして　斧で　こわそうとすると　ポッカリ箱が割れ　まばゆい光が　パアッと　飛び散った。とたんに　ふたりは　目がくらんで　なにも　わからなくなって　しまったそうだ。

しばらくして　気がついてみると　箱の中に
うまれたばかりの　男の赤ん坊が　はいって
いる。
「こりゃあ　神さまからの　さずかりもんだ」
「まあまあ　かわいげな　赤ん坊だなや」
爺さまと　婆さまは　たまげるやら　うれしい
やらで　赤ん坊に　モネ・ウェオと　名づけ
大切に　そだてることにした。
それから　年月がたって　モネ・ウェオは
ずんずん　大きくなって　心のやさしい　評判
の　きれいな　若者になったそうだ。
やがて　その評判は　宮殿に住む　七人の妃
にも　きこえてきた。
さあ　七人の妃は　気が気でない。あの川に
流した子どもが　父は　誰か　母は　だれか
自分は　なぜ　川にすてられたか　知るのでは
あるまいか。
そこで　どうでも　こうでも　モネ・ウェオを
殺してしまおう　ということになった。あくる
日　七人の妃は　そろって　病にかかったふり
をして　床の中から　おんおん　唸《うな》りながら
「王さま　あの山の中に　でえんと大きく　恐ろ
しいほど気のあらい　雌牛がおりまする。その
乳を　モネ・ウェオという　きれいな若者に
とりに行くよう命じてくださりませ。その　乳
を飲めば　われらの病は　たちどころに治りま
する」
と　王さまに　せがんだ。
「その男を　探してまいれ」
家来どもは　モネ・ウェオを　探し出し
「山の中の　でえんと　大きく　恐ろしいほど
気のあらい　雌牛の乳を　しぼってこい」

と　命じた。
わが子が　そのおそろしい牛に　つきさされて　死んでしまうのではあるまいか　爺さまと　婆さまは　心配で　心配で　夜も眠れない。けれども　王さまの命令だ。しかたがない。
ふたりは　モネ・ウェオを　山へ　行かせることにした。
モネ・ウェオは　額にある星と　胸にある月の光がもれないように　七枚の頭巾をかぶり七枚の着物を着て　山を　ずんずん　のぼって行った。
ずんずん　のぼっていくと　墓場があった。ふと　みると　裸の死体が　一つ　ごろんところがっている。
モネ・ウェオは　なんとも　気のどくになって身につけていた着物と頭巾を　一枚ずつぬいで骸骨に　かぶせてやった。
ぼちぼち　日も暮れて　あたりが　暗くなってきている。
そこで　モネ・ウェオは　墓場で　夜を明かすことにした。
真夜中　寝入っていると　なにやら声がした。
「なんで～ここへ～きた～」
「なんで～ここへ～きた～」
眠い目を　こすりながら　あたりを見回してみると　死体が　しゃべっていた。
「なんで～ここへ～きた～」
そこで　モネ・ウェオが　山にきた　いきさつを話すと　死体は
「西へ　行け～西へ　行くと～暑くて　死にそうになっている　子牛がいる～涼しい所へつれていって～水　のませてやれ～」

と　いう。
次の日　しらじらと　夜が明けはじまると　モネ・ウェオは　死体に　いわれたとおり　西の方へむかった。
しばらく行くと　確かに　暑くて　ぐったりと死にそうになっている　子牛がいた。モネ・ウェオは　子牛を　涼しい　木の下まで　連れて行って　水を飲ませてやった。
そこへ　黒くて　でえんと　山のように　大きな雌牛が
「子どもに　手をだすな」
と　目ん玉を　真っ赤にむいて　モネ・ウェオに　角を　つっ込んできた。
その時　子牛がいった。
「かかさん　やめて。この人が　おらを助けてくれたんだ。暑くて　死にそうだった　おらを助けてくれたんだよ」
大きな　雌牛は　頭をもたげ
「そうか　そりゃあ　すまなかったね。で　おまえ　何しにここへ来たんだい。困った事があるなら　あたしが　力になるよ」
「俺　王さまの命令で　七人の妃の　病にきくあんたの乳を　もらいにきたんだ」
「ほう　そんな事か。それなら　好きなだけ　しぼっていきな」
山ん中の　でえんと　大きく　恐ろしいほど気のあらい　雌牛の乳をもらって　山をくだって行くと　あの墓場にさしかかった。
すると
「困ったら　また　こいよ～」
また　死体が　しゃべってきた。
　モネ・ウェオが　山ん中の　でえんと　大き

く　恐ろしいほど　気のあらい　雌牛の乳を何事もなく　持ち帰ったので　七人の妃は　くやしくて　じたんだを踏んだ。何としても　あの男を　殺さねば。

七日　立つと　七人の妃は　そろって　また　も重い病に　かかったふりをした。

「王さま　あの山の中に　大蛇が　とぐろをまいておりまする。その蛇の乳を　モネ・ウェオにとってくるよう　命じてくださりませ。その乳を飲めば、われらの病は　たちどころに　治りまする」

と　王さまに　せがんだ。

王さまが　モネ・ウェオに　命じた。

「山の中で　とぐろをまいている　大蛇の乳をしぼってこい」

王さまの　命令なら　行かねばならん。

爺さまと　婆さまに　見送られて　モネ・ウェオは　また　七枚の着物を着　七枚の頭巾をかぶって　大蛇の乳をさがしに　山へ　山へとずんずん　のぼって行った。

そして　あの墓場までくると　死体が　また話しかけてきた。

「東へ　行けぇ～東へ行くと　暑くて　死にそうな　蛇の子どもがおる～涼しい木の下に　連れて行って　水のませて　やれ～」

東の方へ　ずんずん　行くと　何匹もの　蛇の子どもが　暑くて　死にそうになっていた。

モネ・ウェオは　死体に　おしえてもらったとおり　蛇の子どもらを　涼しい木の下へ　連れて行き　水をのませてやった。

しばらくすると　険《けわ》しい顔をした大蛇が　いなくなった　子どもらを探しに　ノタノタ　やっ

てきた。と　いきなり　モネ・ウェオに　襲いかかってきた。

その時　蛇の子どもらが
「かかさん　やめて。この人は　おれらを助けてくれたんだよ。この人が　いなかったら　暑くて　おれらは　とうに死んでいたよ」

大蛇を　なだめた。

　大蛇は　鎌首をさげて
「そうか　そりゃあ　すまなかったね。で　おまえ　何しにここへ来たんだい。困ったことがあるなら　あたしが　力になるよ」

「かかさん　この人は　王さまの命令で　ここに来たんだよ。お妃さまの病気に効く　かかさんの乳を　もらいにきたんだよ」

「ほう　そんな事か。それなら　好きなだけ　しぼっていきな」

　こうして　モネ・ウェオは　何とか　手に入れた　大蛇の乳を　宮殿に届けた。
しかし　七日もたつと　七人の妃は、
「王さま　まだまだ　病は治りませぬ。あの山の上に　くる年も　くる年も　たった　ひとつしか　実をつけない　一本の　マンゴーの木がありまする。その実を　モネ・ウェオに　とってくるよう　命じてくださりませ。モネ・ウェオが　とってくる　その実を食べれば　われらの病は　たちどころに治りまする」
そう言って　王さまにせがんだ。
さっそく　王さまは　モネ・ウェオに　その実を　とってくるように　命じた。
　山の上の　たったひとつしか　実をつけないマンゴーの木。
そこに　行く道は　何本もある。

だが　そこには　恐ろしい魔物がすんでいて　これまでに　そのマンゴーの実を　とりに行って　誰ひとり　生きてかえってきた者は　いない。

爺さまと　婆さまは　心配でならない。

「モネ・ウェオや　山さ　いったら　決して後ろを　振り返ってはならん。どんなに　魔物に　ばかにされても　からかわれても　一言も喋っては　ならんのじゃ。それが　我慢出来ん者は　魔物に殺されてしまう。山ん中には　魔物にやられて　死んだ者が　ゴロゴロ　ころがっとるという話じゃ。気をつけるんじゃ　いいな」

モネ・ウェオは　またまた　七枚の着物を着七枚の頭巾をかぶって　山の上へと　ずんずんずんずん　行った。

墓場に　さしかかると　いつもの死体が　喋りかけてきた。

「できるだけ　いっぱい、綿を　耳につめろ～」

死体に　言われたとおり　耳にぎっしり　綿をつめ　モネ・ウェオは　山の上をめざして　ずんずん　ずんずん　のぼる。もう　魔物の　声も聞こえない。深い谷をわたり　崖をのぼり　ころがっている死人を　いくつもまたぎ　いっしんに　ずんずん　ずんずん　のぼっていった。

ふと　気がつくと　山の上に　一本の　マンゴーの木が　堂々としてあった。

なるほど　木には　うまそうな実が　たったひとつ　なっている。

これだ　と　モネ・ウェオが　手をのばしてもごうとした。

その　とたん　マンゴーの実から　みるみるう

ちに　美しい女神が　あらわれた。

「わたくしは　あなたの　すべてを知っています。さあ　わたくしと　宮殿へ　まいりましょう」

　宮殿に　もどると　女神は　モネ・ウェオを　ともない　王さまとあった。

そして　七人の妃の　悪事を　洗いざらいつたえた。さらに　モネ・ウェオの　頭巾をとり　着物の　胸をはだけてみせた。

額の星と　胸の月が　まぶしい光を　はなった。

この若者こそ　目をくりぬかれ　アヒル小屋に　首をだしたまま　生き埋めにされている　哀れな　八番目の妃が言っていたとおりの　まぎれもない　王さまの息子だった。

　王さまは、はずかしく　うなだれた。

「すぐに、八番目の妃を　アヒル小屋から出せ。くりぬかれた目には　山羊の　目をいれてやれ。性悪な　七人の妃は　死刑じゃ」

と　家来どもに　命じた。

そして　八番目の妃だった　娘こじきは　妃として　あらためて　迎え入れられたそうだ。

　それから　しばらくして　王子モネ・ウェオと　女神の婚礼が　とりおこなわれた。

王子モネ・ウェオは　やがて　立派な王となり　育ててくれた　爺さま　婆さまとも　一緒にくらしたと　いうことだ

話し手：ミハエ　マヌ　ジョウ（1989年）

動物のことば

サブ島

むかし　たいそう金持ちの　商人《あきんど》がいた。
ある日のこと　商人が　山へ狩りにはいると
まだ若い　めすヘビが　まだらヘビにおそわれて　もがきくるしんでいた。
商人が　ちかづくと　まだらヘビが　ハッと
おどろいて　力をぬいた。そのすきに　めすヘビは　するりと逃げて　助けてください　という
ふうに　商人の方へ　よって来た。
すると　まだらヘビが怒って　鎌首をもたげ
商人にむかってきた。そこで商人は　もってい
た鉄砲で　うち殺してやった。

まだらヘビが　死んでしまうと　めすヘビは
商人に礼をいって　泣きじゃくりながら　帰って行った。
その晩のこと。
商人が　早めに　床《とこ》にはいって　ごろごろ　し
ていると　トントンと　戸をたたいて　年寄り
ヘビが　たずねてきた。
年寄りヘビは
「さきほどは　娘が　助けていただき　まことに
ありがとうございました。そこで　お礼と　いっ
てはなんですが　旦那《だんな》さんに　何か願い事があ

れば　なんなりと・・・」
そう言って　ふかぶかと　頭をさげた。
商人は　さしせまって　これといって　不自由な事もなし　はて　何にしようかと　しばらく考えていたが　おお　そうじゃ　動物のことばを　おしえてくれぬかと　突拍子《とっぴょうし》も無い事を願いでた。
　すると　年寄りヘビは
「たやすい事です。ただ　一つだけ　守っていただかなければならん事がございます。けっしてそのことばを　ひとに話してはなりません。ひとに話せば　旦那さんは　命をおとすことになります」
と　言いたして　ひとしきり　動物のことばをおしえて　帰っていった。
　それから　幾日かたったある日　商人が　かみさんと　家の裏で　涼んでいると　牛と馬がしゃべっているのが　聞こえてきた。
「馬どん　馬どんは　いいよなあ。一日中　きれいなところで　遊んで暮せて。それにくらべて俺なんか　ひどいもんだ。朝から　晩まで　ムチでうたれて　こき使われてるんだ。あっちこっち　痛くて　死にそうだよ。馬どんなんて七日に一度　旦那のおともをして　町へ行くだけでいいんだもんな。まったく　うらやましいよ。食い物も　いっぱいもらえるしなあ」
そう言って　牛はため息をついた。
するると　馬は
「牛どん　そりゃあ　あんたが　馬鹿だからさ。体中　痛くして　死ぬほど働くのは　みんな　人間のためだろう。自分のためじゃないだろうよ。それなのに　あんたときたら　人間

にのその　ついていく。食いもんを　地べたに　なげつけられても　がつがつ食う。たたかれても　決して　たてつかない。だから　人間は　それでもいいと思っているのさ。それで俺に　ぶつぶつ　愚痴をこぼすなんて　おかどちがいも　いいとこだ。まあ　俺みたいに　なりたいなら　いい事　おしえてやってもいいが・・・・・・・・・」

「どうすりゃ　いいんだい」

牛は　馬のはなしに　目をかがやかせた。

「朝　ここの番頭《ばんとう》が　あんたに　鋤《すき》の柄《え》を　つけようとしても　じっと寝てろ。ぜったい　起きるな。そして　食い物がきても　食わずに　見るだけにしておけ。そうして　一日　二日　三日と　つづけるんだ。そうすりゃ　人間は　あんたが病気だと思って　仕事をさせないよ」

牛は　いい事をきいたと　大よろこびで　うんうん　うなずいていた。

あくる日　夜があけると　番頭が　牛小屋のきどをあけた。

ところが　牛は　じっとうごかない。それをなんとかひっぱりだして　鋤の柄を　かけようとすると　こんどは　地べたにへばりついて　立とうとしない。しかたなく　そのまま鋤をつけると　牛は　きゅうにあばれだし　鋤の柄をはずしして　踏んづけてしまった。

そして夕方　番頭が　えさをもっていくと　牛は　じろりと見るだけで　食べようともせず　ただ　よこになっていた。

「こりゃ　病気だ」

番頭は　そう考えて　商人に　その事をつたえた。

するとき　商人は
「かわりに　馬をつかえ」
と　けろりと　している。
　その日　一日中　馬は　牛のかわりに　ムチうたれ　働かされつづけた。
やっと　夕方になって　どうやら　こうやら帰ってくると　牛がのんびりと　うまそうに餌を　食っていた。
「やあ　馬どん。あんたの　おかげで　こうしてのんびり　させてもらっているよ」
　馬は　むっとして　だまって　牛小屋を　とおりすぎた。
そして　牛にあんな事を言って　なんて俺は馬鹿なんだ。なんとか　しなければいかんと餌を　食いながら思っていた。
　その晩は　満月の　いい晩だった。
商人と　かみさんは　マンゴーの木の下で　涼んでいた。
すると　また　牛と馬の　しゃべり声が　聞こえてきた。
「牛どん　明日は　どうするんだい」
「あんたに　教わった　とおりにするよ」
「だめだ　だめだよ」
「なんでだい　馬どん」
「さっき　ここの旦那が　話していたのが　聞こえたんだ。牛がだめなら　殺して　肉と皮は貧乏人にくれてやるって。だから　働いたほうがいいよ」
　そこまで　聞くと　商人は　おかしくて　おかしくて　腹をかかえて　笑いこけた。
そばにいた　かみさんが　目をまるくして
「あんた　何　笑っているんだい」

と聞いた。

「馬と　牛の　話が　おかしくて　おかしくて」

「わたしにも　聞かせておくれ」

「だめだ　話したら　わしは死んでしまうんだ」

「うそ　わたしの事を　笑ったんだ。だから　言えないいんだ。話してくれなきゃ　いいさ　出ていくから」

「お前の事を　笑ったんじゃない。わしは　動物のことばが　わかるんじゃ。だが　それを　話すと　わしは死んでしまう。だから　なあ　わかってくれよ」

「あんたが　死んでも　かまうもんか。どうでもいいから　話しとくれ」

かみさんが　どうにもきかないので　商人はあきらめて　動物のことばを　話すことにした。

「ああ　話してやる。おまえの　おとっつぁんおっかさん　近所の連中　みんなよんで来い。わしが　死ぬとこみせてやる」

やがて　みんなが　あつまってきた。

商人は　まず　水を一杯飲んでから　話そうと思い　台所へいった。すると　めんどりと　ネズミの　話し声が　聞こえてきた。

「かみさんが　泣きわめくまで　ぶちのめせばいいんだよ」

「そうだ　ぶちのめして　ぶちのめして　かみさんが　もう聞かないというまで　ぶちのめす。そうすりゃ　うちの旦那は　安泰だよ」

それを聞いた商人は　すぐに　かみさんをひっつかみ　部屋につれこんで　ロタン（藤《とう》）のムチで　ぶちのめした。かみさんが　泣こうがわめこうが　尻でも　足でも　いきおいよくぶちのめしつづけ　ぶちのめしながら　まだ聞

くか　まだ聞くかと　くりかえした。
　とうとう　しまいには　さすがの　かみさん
も
「もう　聞かない。聞かないから　やめとくれ」
と　はいつくばって　商人にたのんだ。
　それから　商人は　長生きして　かみさんと
仲良く　暮らしたそうだ。

　　　　話し手：ジャファール　ムサ　（1989年）

なみだ岬

スンバワ島

むかし。
スンバワ島に　ララ・インタン・ブラインという　かわいげな　姫さまがいた。
ところが　ある日　姫さまは　ライ病に　かかってしまった。
王さまが　国中の医者やら　まじない師をよんでみせても　姫さまの病《やまい》は　いっこうに　よくならなかった。
そこで　王さまは　おふれをだした。

姫の病を　なおすことが　できた者には
金持ちであろうと　貧乏人であろうと
たとえ　その者が　こじきであろうと
姫との　結婚をゆるす。

おふれの　うわさは　島中にひろがり　やがて　ほかの遠い島々にまで　つたわって　いった。
マッカサルの　ダイン・ブリンギという　王子さまの耳にも　そのうわさは　つたわっていた。
王子さまは　妖術のつかえる人で　そのうわさ

を知ると たちどころに 姿をかえ よぼよぼの 汚い爺さまになって スンバワ島に向けて船をだした。

スンバワ島につくと 爺さまは そのまま まっすぐ 宮殿へむかった。

門番に

「わしは マッカサルから ここの姫さまの 病をなおしに 来やした」

と つたえると さっそく 王さまの前に とおされた。

王さまは たいそう喜んで

「そなた どこから まいった」

と 爺さまに たずねた。

「わしは ここの姫さまが おもい病に かかっていると知って マッカサルから やってきやした。わしが なおして ごらんにいれます」

「さようか さようか たのむぞ」

この時 王さまは 爺さまに 姫さまの 病がなおせたら きっと 姫さまと 結婚させてやると かたく約束した。

さっそく 爺さまは 王さまの 家来どもに 姫さまを スンバワ島の 東はずれまで つれていくように言った。

姫さまを かごに乗せ 東はずれの 山の峰あたりまでくると かごをかついでいた 家来どもが ぶつぶつ 言いだした。

「姫さまが くさくて くさくて もうだめだ」

すると 爺さまは

「そうか それなら そこへおろしても かまわん」

そう言って 姫さまのかごを 下へおろさせた。

家来どもが 鼻をつまみ にげるように 宮

殿へ帰ってしまうと　爺さまは　地べたにしゃがみこんで　なにやら　しきりに　地べたをなでまわし　それから　つと　立って　そこに　立ち小便をした。
シィ・・・・・・・・・・・・・・・・
すると　どうした事か　小便をして　できた穴から　澄んだ　きれいな水が　こんこんと　溢れ出てきた。
爺さまは　その水をくんで　姫さまに　浴《あ》びせかけた。すると　なんと　たちどころに　シミひとつない　もとの姫さまの　姿にもどった。
うれしさの　あまり　姫さまは　爺さまを　見た。
爺さまも　姫さまを　見た。
ふたりは　じっと　見つめ合った。
姫さまは　あっと　思った。
（若くて　なんて　りりしいのでしょう）
汚く　よぼよぼの爺さまが　姫さまには　りりしい若者に　うつって見えた。
姫さまが　すっかり治ったという　知らせを聞いて　王さまは　すぐに　爺さまと　姫さまのいる　東はずれまで　かけつけてきた。けれども　王さまは　爺さまとの　約束を　まもろうとはしなかった。
「つりあわん。おまえのような　薄汚いおいぼれに　わしの大事な姫を　わたして　たまるか」
「年寄りでも　いいと約束　しなすったのに」
爺さまは　トボトボと　立ち去って行った。
ところが　爺さまが　立ち去ってしばらくすると　姫さまは　きゅうに　具合が　悪くなり病の床に　たおれこんでしまった。そして　日がたつにつれ　しだいに痩せこけ　顔色は　あ

おざめ　くさりかけた傷口は　ひろがる一方で
　床の中から　爺さまの名ばかり呼んでいた。
そんな　姫さまが　どうにもあわれで　かわい
そうで　王さまは　爺さまに　届くように　ま
た　おふれをだした。
　幾日かたつと　姫さまの病を案じたじいさま
がまた　宮殿にやってきた。
前に　爺さまとの　約束を　まもらなかった
王さまは
「すんだ事は　水に流してくれまいか。姫が　治
りさえすれば　いいのだ。今度こそ　約束は
きっとまもる」
と　言った。
「よう　わかりました。そんじゃ　姫さまを　東
のはずれまで　つれて行ってくだせぇ」
　姫さまを　かごにのせ　東のはずれまで
やって来ると　家来どもが　ぶつぶつ　言いだ
した。
「姫さまが　くさくて　くさくて　もうだめだ」
すると　爺さまが
「そこへ　おろしても　かまわん」
と言って　姫さまのかごを　下へおろさせた。
　家来どもが　鼻をつまみ　宮殿へ　逃げか
えってしまうと　爺さまは　小刀をとりだし
地べたにしゃがみこんで　なにやら　しきりに
地べたをなでまわし　それから　そこに　グサ
りと　小刀をつきさした。
そして　小刀を　引きぬくと　どうした事か
その穴から　またも　澄んだ　きれいな水が
こんこんと　溢れ出た。
爺さまは　その水を　姫さまに　浴びせかけた。
すると　やはり　たちどころに　もとの　元気

な　姫さまにもどった。
姫さまは　爺さまを　見た。
爺さまも　姫さまを　見た。
ふたりは　もう　離れたくないと思った。
　けれども　王さまは　またも　爺さまとの
約束を　まもらなかった。
「このように　美しい　わしの姫を　きさまのよ
うな　おいぼれにくれて　やれるか。その年で
子どもが　いないような　おいぼれは　もう
くたばったも同然じゃ。つりあわん」
　約束を　二度もやぶられ　さんざん　卑《いや》しめ
られた爺さまは　目に　涙を　にじませながら
山道を　走った。北へ　北へと　ころがるよう
に　走った。走って　走って　走りつづけ　岩
が　ごろごろある　海の近くまで　たどりつく
と　うしろから　姫さまが　追いついてきた。

　ところが　姫さまの　すぐあとを　王さまの
命令で　家来どもが　爺さまを　殺しに　やっ
てきていた。
とっさに　爺さまは　かぶっていた　頭巾をは
ずして　海になげた。
それから　自分も　海に身をなげ　波の上で
ゆらゆらしている　頭巾の真上に　ひらりと
跳びうつった。
すると　それまで　よぼよぼだった　爺さまが
みるみるうちに　りりしい若者に　かわって
いった。
　姫さまは　切り立った崖から　深い海を　み
おろして泣いた。
頭巾に　のった若者が　手をふりながら　だん
だん　だんだん　小さくなっていく。
「ああ　もう　どうしようもない」

姫さまは　そばにあった岩に　すがりついて泣いた。泣いて　泣いて　いつまでも　泣きつづけた。
そして　とうとう　しまいには　そのまま　石に　なってしまったそうだ。

この時から　スンバワ島の人々は　この岬をなみだ岬と　呼ぶようになった。
いまでも　満月の晩に　漁師が　釣りをしていると　その　悲しげな泣き声が　風に　のってきこえてくるという。

話し手：古い宮殿の番人（１９８７年）

あとがき

随分と長い間、採集した「民話」を眠らせていました。

今年になって、今、これらの話の背中を押して送り出さなければ、ずっとこのまま眠らせたままかもしれない、という考えに襲われ、出版を決意しました。

美しい切り絵の挿絵も添えていただきました。絵に描かれている風景や人物は、まさに私の想像通りのものです。

人間の深い心に潜む闇をえぐるインドネシアに伝わる「民話」が、多くの方々の目に触れ、手に取っていただけることを願っています。

また、「人間と海と火」は、染織作家渡辺万知子さんに同行してアロール島を回っておられた三須照子さんが、「偶然に録音していました。お役にたててください」というメッセージを添えてお送りくださったテープから翻訳したものです。

和知　幸枝

●参考文献
染織列島インドネシア　渡辺万知子著　株式会社めこん
THE CRAFTS OF INDONESIA by Studio Vista

インドネシアの民話集
サブ島のベロド

採集・訳 和知 幸枝

2016年1月8日 第1刷発行
定価：本体価格 1,500円+税

カバー絵：井出 文蔵
デザイン：斎川 直子
発行者：吉岡 新
発行所：株式会社 優しい食卓
〒102-0072 東京都千代田区飯田橋3-11-24
TEL03-5215-1287 FAX03-5215-1189
http://www.table21.com E-mail:info@table21.com
印 刷：共立速記印刷株式会社

ISBN 978-4-901359-70-2